홀소리와 닿소리

시와소금 시인선 182

홀소리와 닿소리

ⓒ이명재, 2025, printed in Seoul, Korea

초판 1쇄 인쇄 2025년 07월 10일
초판 1쇄 발행 2025년 07월 15일
지은이 이명재
펴낸이 임세한
펴낸곳 시와소금
디자인 유재미 정지은

출판등록 2014년 1월 28일 제424호
발행처 강원 춘천시 충혼길20번길 4, 1층 (우 24436)
편집·인쇄 주식회사 정문프린팅
전화 (033)251-1195 / 휴대폰 010-5211-1195
전자주소 sisogum@hanmail.net
ISBN 979-11-6325-095-1 03810

값 12,000원

* 이 책의 내용의 전부 또는 일부를 재사용하려면 반드시 저작권자와
  시와소금 양측의 동의를 받아야 합니다.
* 잘못된 책은 교환해 드립니다.

· 이 시집은 2025년도 충청남도, 충남문화관광재단의 지원으로 발간하였습니다.

시와소금 시인선 · 182

홀소리와 닿소리

이명재 시집

시와 소금

▍이명재 시인 약력

- 〈대전일보 신춘문예〉, 『문학마당』 신인상으로 등단.
- 한국작가회의회원/충남작가회의부회장, 충남시인협회원, 예산시인협회장, 예산문협부회장.
- 시집 『똥집대로 산다』, 수필집 『속 터지는 충청말』(전2권), 번역 『어린왕자』 충청사투리편, 산문집 『충청도말 이야기』, 『사투리로 읽어보는 충청문화』(공저), 방언사전 『충청남도예산말사전』(전4권) 외

▍수상 경력

- 한글학회장/교육부장관 표창
- 2015년 한국예술위원회 아르코문학창작기금
- 충남문화관광재단 문학창작기금(3회)

| 시인의 말 |

세상엔 온갖 소리가
모여 산다.

겨울 하얀 소리
봄날 붉은 소리

여름날 달빛 속엔
시냇물 부딪는 돌돌 모서리
들판 객혈하는 풀풀 풀내음

우리들의 소리가 모여 산다.
조금씩 엇가거나 삐걱거리는
세상 속에는,

2025. 08.

| 차례 |

| 시인의 말 |

제1부 홀소리와 닿소리

소나기 ─── 13

가로등 ─── 14

빗소리 ─── 16

서툰 휘파람은 ─── 18

노을 ─── 20

비 오는 날 ─── 22

디스크 ─── 24

민들레 ─── 26

다문화 ─── 28

오래된 받침을 떼어내다 ─── 30

파랑 ─── 32

어른 수업 ─── 34

가을밤 ─── 36

기미 ─── 38

제2부 어머어머 큰 산

그럴 때 ——— 43

천리마 ——— 44

대마도 노을 ——— 46

첫눈 ——— 48

벚나무 다리밑자루 ——— 50

가짜 뉴스 ——— 52

피싱 보이스 ——— 54

개구리알 ——— 56

의처증 ——— 58

등이 아픈 날의 바퀴벌레 ——— 60

엄마 생각 ——— 62

어머어머 큰 산 ——— 64

제3부 뒤를 본다

1. ——— 67
2. ——— 68
3. ——— 70
4. ——— 72
5. ——— 74
6. ——— 75
7. ——— 76
8. ——— 78
9. ——— 79
10. ——— 80
11. ——— 82
12. ——— 84
13. ——— 86
14. ——— 88
15. ——— 89
16. ——— 90

제4부 탄금대

11월 ——— 93

입춘 ——— 94

탄금대 ——— 96

오랜 사람을 만나러 갈 땐 ——— 98

겨울 냉이 ——— 100

빈집 ——— 102

스쿨존 ——— 104

만남은 ——— 106

가끔 ——— 107

꽃차 ——— 108

봉지 커피 ——— 110

권태 · 1 ——— 111

권태 · 2 ——— 112

권태 · 3 ——— 114

권태 · 4 ——— 115

권태 · 5 ——— 116

작품해설 | 박해림
흘러내리거나 가득하거나 출렁이거나 ——— 119

제 1 부
홀소리와 닿소리

소나기

양철지붕에 소리가 쏟아진다
타당타당 두둥두둥
달구어진 지붕의 등을 두드리며
질서정연하게
발맞추는 닿소리의 행렬
세상의 푸른 물상들이 귀 기울여
타악기 춤사위에 젖는 여름
마당귀 고인 물 위로 동그랗게 그려졌다간
지워지고 채워지는 소리 속으로
등 내밀고 싶다
그러면 내 등에도 동그란 물결
점점이 쏟아지고
풀들의 잎사귀에 새겨진 지문처럼 촘촘한
타다당 두둥 노래가 피어날 것이다
소리에 흔들리는 여름꽃처럼
개망초 하얀 언어 피어날 것이다
다시 지붕 아래로 소리가 쏟아진다
머리를 때리고 가슴을 적시며
말이 쏟아진다

가로등

소크라테스가 돌아왔다
아테네 광장에서 쫓겨난 촛불이
외진 산골에 돌아왔다
지쳐 돌아서는 그의 손가락 틈에서
깜박 휘청이는 불꽃
안다는 것은
주먹 크기의 어둠만을 밀어내는 하찮은 눈빛
촛농으로 데어버린 그의 손바닥은
갈라진 목울대의 닿소리다
그대 자신을 알라, 알라
늦도록 불빛 깜박이면
너나 잘 알라
바지춤 홀러덩 오줌발 내갈기는
어느 산골 사내의 꼬부라진 그림자도
닿소리다
푸르딩딩 얼어붙은 입술 사이로
끝내 터져나지 못한 말
바람 불어도 비는 오지 않고

어둠이 지나도 아침 오지 않는
우리 스물의 눈빛
아 답답해 하면
어둠 속에서 불붙는 닿소리
끝내 홀소리와 교접하지 못한
소크라테스의 적막한 어깨 위로
이 밤 시리도록 가로등
홀소리로 울고 있다

빗소리

빗소리는
유성음이다
끊임없이 이어지는 홀소리의 집합이다
영화가 시작되기 전
고요의 숨소리로 흘러드는 전주곡이다
막 깨어나며
아래로 아래로만 밀려가는
강 물결의 흔들림이다
서녘 하늘 몰려오는 구름 사이로
가냘프게 내비치던
우수 띤 노을의 그림자다
아아아아 감탄사로 이어지는 홀소리
한낮의 견고한 닿소리를 어둠에 묻고
빠알갛게 번져 나는
19세기 인상파 화가의 물감이다
시간이 흐를수록
더욱 붉게 채색되는 물소리
흙탕물 속에서 사람들은

온전한 희망을 꿈꾸며 잠이 든다
빗소리가 ㅊ, ㅊ, 촤아
닿소리로 착각될지 몰라
얼른얼른 잠이 든다
더러 잠들지 못한 사람들의 얼굴 위로 바람은 불고
역류한 물결 하나
귓가에 와 젖는 빗소리는
유성음이다
끝없이 이어지는 홀소리의
떨림이다

서툰 휘파람은

방향타 없는 골목이에요
쓰레기통 흠칫대는 길고양이의 콧날처럼
본능으로 갈라진 입술이에요
노래를 불러요
들리나요 내 스물의 이명이에요
아직도 분명치 못한 발음들이
가갸거겨 길바닥에 쓰러져 있고
세상의 한편을 힘겨이 비상하는
동심의 희망이에요
굴러온 방향과 굴러갈 방향을 모르는
내 스물의 수레바퀴는
안개 자욱한 숲속에 갇혀 있어요
침침한 눈동자를 비비며
갈라진 입술에 침을 바르며
두려워요
분명치 못한 발음으로 피, 피, 픽 넘어지는
나의 앞길엔
고사한 소나무들이 시신처럼 둘러서 있어요

미라의 붕대처럼 감겨드는 바람 소리
세상의 앞길은 후둘거려
후휴흐히 서툰 휘파람은
스무 해 곤두박질친 내 발걸음의
가쁜 숨소리예요
골목 이편에서 숲속 저편까지
보이나요 쉰 목소리로 피어나는
쟁쟁한 울림이에요

노을

서리 내리고 다시 해가 뜬 날
하늘이 단풍을 빨아올렸어요
온통 도화지를 펼쳤어요

은행나무 손 흔들어
은행잎으로 번지는 도화지
농익은 들녘의 햇살들
홀연 수평선에 몸을 풀고

단풍나무 몸 흔들어 단풍잎 지는 서녘
햇살은 더 붉은 얼굴이 되고
나는 거울 속에 그리움을 채웠어요

성긴 들판 편지를 뿌리고 시를 심던
봄날의 꽃삽
저리고 시렸던 그 젊은 날의 바람

벌써 낙엽으로 뒹구는 꿈과 좌절을

그리고 지우는 동안
하늘은 노랑도 붉음도 잃었어요
마지막 그린 내 얼굴도 희미했어요

숯검정 속으로 지워지는 얼굴
채색을 잃어버린 하늘엔
열정을 다 소모해버린 가을날의 홀소리들이
닿소리의 겨울로 밀려가고 있었어요

비 오는 날

도시는 직선이다
숨결 끊긴 홀소리의 굳은 시신이다
바둑판으로 도로가 달린다
건물들의 좌우 직립
직선과 직립을 때리며 닿소리가 온다
닿소리들은 빗금으로 쏟아져
관악산 아래 반지하 창문을 때린다
ㅌㅌ 타다탁
한꺼번에 짓쳐와 도심의 어둠을 휘저어놓곤
우우 우르릉 파도가 된다
저 거친 파도는
뜻도 모르고 밀려온 내 스물의 닿소리다
엊그제까지 내 자취 곡선이었다
산모퉁이 휘돌아가
파란 어깨 출렁이는 ㅅㅅ 그 봉우리
버들가지 에두르는 ㄹㄹ 느린 발걸음
오솔길 휘영청 옷자락 쏟아
논두렁 허리춤 휘두르는 바랭이풀이었다

둔덕둔덕 돌 밭둑마다 달래 쑥
봄물 적셔주던 홀소리였다
돌아서 다시 반지하 창틀 나래로 쏟아져 휘어지는
저 수많은 닿소리
도심의 서른으로 끌려가는
내 ㅋㅋㅍㅍ 발자국 소리

디스크

나는 알았네
산기슭 따라 바람 소리
굴참나무 나뭇잎 따라 새들의 날갯짓
원추리 꽃잎 따라 호랑나비
팔랑팔랑 모두 닿소리란 걸
골짜기는 늘어져 옷자락 깊게 홀소리
밤이면 별들은 싸락눈처럼 쏟아져
반짝반짝 시냇물 되었다는 걸
돌 돌돌 돌과 돌
라 라라 라무와 라무뿌리를 어어 가는
등허리의 물소리는
산비탈 어디쯤에서 제 발길 놓쳤다는 걸
끄뜨쁘쓰 굳은 힘줄 주물러보고
파퍄푸퓨 막힌 신경 풀어봐도
울울울 흐르지 못한 홀소리들이
허리춤에 고여 웅성이는 걸
홍분분 진달래 꽃비 날리고
울청청 쑥부쟁이 보랏머리칼 흩날려도

산맥의 허리춤에 막힌 물소리
흐르지 않는다는 걸
홀소리로 고동쳐야 할 핏물들이
스물의 앞길에서 멈칫대는 밤
이 밤 다가도록
캄캄한 닿소리 여기 있음을

민들레

꼭 민들레가 아니어도 그렇다
척박한 땅에 뿌리박은 풀들의 눈빛은
모두 홀소리다
집 앞 보도블록 틈에 보금자릴 튼 민들레는
뿌리가 가늘다
사람들의 발자국에서 떨어진 먼지
누군가가 버리고 간 한 주먹 양분에
더 가늘고 깊은 홀소리를 내린다

홀소리의 뿌리를 내리는 풀들은 헛된 꿈을 꾸지 않는다
닿소리의 바람을 흔들지 않고
닿소리의 빗물을 탐하지 않는다
몇 개의 작은 잎줄기를 먼지 위에 펼쳐 놓고
여럿의 꽃대궁은 피워내지 못할 닿소리
하나의 꽃대궁을 세울 뿐이다
거친 세상에 홀소리의 손가락 하나 치켜들 뿐이다
노란 물 젖은 홀소리의 손톱꽃을 피울 뿐이다

﹥
척박한 땅의 목숨들은 모두 그렇다
발 디딘 주먹 흙이 먼지로 흩어지기 전
홀소리를 날려야 한다
어제 아침 잠깐 내린 빗물을 타고 홀소리엔 꽃물이 들었다
아침 햇살 같던 그 손톱물은
해지는 서녘 하늘까지 홀소리로 물들었다가
새벽노을 속으로 잠깐 졌다

오늘 햇살은 아침을 먹고 점심을 먹고
진종일 마른 보도블록에 서성거렸다
햇살은 홀소리로 부서져 솜털 구름이 되고
땅거미들 달려와 스멀스멀 검은 옷자락 펼칠 때
민들레의 꽃대궁은 땅거미의 현을 튕겼다
닿소리의 어둠 속에 피어나는 별들
홀소리들이 빛나고 있었다

다문화

보름달의 둥근 지구 마당귀엔
소리들이 모여 산다

빨강 소리
하양 소리

서로 빛 섞은 분홍 소리
주황 소리 산다

속살 물소리로 우러난 연둣빛 줄기
초록 숲으로 무성한 잎

같은 소리로 자라오르다 문득
여름빛 짙어 오면 소리들은
각기 빛 다른 꽃잎을 펼친다

서로 옷자락 나눠 홀소리 우거지고
서로 팔다리 부딪혀 닿소리 엉키고

>
둥그런 이 땅의 마당귀에 울려 퍼지는
홀소리와 닿소리의 채워짐

저기, 무더기무더기 빛 다르게 펼쳐진
저 수많은 봉숭아 꽃잎

오래된 받침을 떼어내다

뒤뚱, 쓰러지고 싶어
오래 품어온 것들을 이제는
떼어내야 할 때

받침을 잃은 내 아내 길자는 기자가 되어
가을 창문에 기댄 낙엽을 취재하거나
모래언덕이 펼친 먼먼 낯설음을 찾아가겠지

계룡문고를 폐업하고 돌아선
내 친구 동선이는
서점으로 막 배달된 신간 도서가 되어
색다른 책장 속으로 들어설 거야

새 세상이란 얼마나 가슴 뛰는 일이니?
명재의 받침 동그라미 떨어지면
나와 함께 닳아온
책과 볼펜과 방문 손잡이가 열리고

＞
아비가 지어준 핏줄도
어미가 불러준 사랑도 수취인 불명
미지의 발자취를 짚으며
며재의 숲으로 떠나가야지

파랑

바다가 보내준 파랑은 홀소리다
파랑 누리에 파랑 옷을 입은 파랑들이
파랑파랑 솟구치며 사는 파랑의 꿈
태초에 파랑은 바닷물이었다
파랑 가득 머금은 바람들은
갯바위 어디쯤 힘겹게 넘어서다
파랑 물감 하나둘 떨구고
갯바위를 둘러싼 바지락이며 게며 지렁이며
파랗게 속살 익혔다
바다 건너 파랑을 떨궈 숲이 자라는
파랑은 닿소리
눈발 저린 계절이 휘달릴 때면
바람은 한랭전선을 따라 파랑을 뿌렸다
추위에 얼어버린
검정 나무 검정 가지에 부딪힐 때마다
검정 살갗 속으로 파랑은 스며 봄물 흘렀다
부딪쳐 닿소리가 되고
흘러 홀소리가 되는 파랑의 꿈

온 누리 한 바퀴 돌아든 바람은
파랑을 온통 쏟아 투명한 가슴으로
바다로 돌아갔다
언제던가, 그 바다에 다시 파랑이 넘쳤다
바람이 불면
닿소리와 홀소리가 새끼줄로 엮어 어우러질
그날의 파랑 누리 파랑

어른 수업

어른이란 뿌리 굵은 말이지
가운뎃손가락 옹이가 박히도록
가갸거겨 글씨를 썼지
책상머리에 아야어여 버티고 앉아
소리를 외쳐 익혔지

피퓨피퓨 풀꽃들의 이름을 불렀어
풀들의 이름이 내 얼굴을 키웠어
흙 속에서 땅강아지 뛰르르릉 홀소리로 울고
솔바람을 타고 떠난 송홧가루
닿소리의 황달기를 머리 위에 쏟았어
내 얼굴 어른이 되어 가는 거야

얼굴이 어두워지는 밤이 오면
갯바위 파도 같은 어른이 되는 줄 알았지
대학을 준비할 때는
닿소리들 점점이 붉어 여드름이 되었지
농익은 꽃잎들 얼굴을 뒤덮다가

홍시처럼 영글어 어른이 되는 줄 알았지

닿소리를 동반하지 못한 홀소리들 끝없이 밀려들어
나는 시인이 되었어
시냇물 쏴아쏴아 바다로 가고 싶었어
펜을 들 때마다 내 얼굴엔
검은 글자들 튀어 올라 그늘이 되고
어둠이 웅성거리는 원고지를 품고
파도처럼 나는 울었어

꽃은 흘러 씨앗이 되고
낙엽은 흘러 초록이 되고
목마를 탄 홀소리와 닿소리 수없이 회전한 뒤
나는 거울 앞에 섰지
거울 속에는 검버섯으로 굳어버린 말들
세월의 주검들이 널려 있었어
기억 없는 얼굴 하나 거기 있었어

가을밤

오늘, 어둠은 타악기로 운다. 땅땅타닥 낙뢰로 쏟아지는 드럼 소리, 차랑창 귀청 깨치는 탬버린, 징징징 징소리 가슴을 후빈다.

어둠에 깨진 이마를 짚으며 닿소리의 아픔을 생각한다. 막히고 부딪치는 세상살이 이보다 더할까.

오늘, 달빛은 현악기로 운다. 강아지 어미 잃은 깽깽깽 해금 소리, 삐이잉 뱅 머릿속을 훑고 가는 휘파람 바이올린, 쟁쟁쟁 첼로의 가을밤 풀벌레 소리.

홀로 달빛에 귀를 적시다가 홀소리의 눈물을 생각한다. 어느 쉴 곳 하나 없이 흐르는 소리, 맞잡은 가슴 없이 흘러가는 세월의 쓸쓸이 이보다 더할까.

나는 관계를 생각한다. 어둠과 달빛의 울음에 젖다가 닿소리의 막과 막을 채우는 천둥의 한숨 소리, 낙뢰의 꽁지깃에 흔들리는 간극을 짚는다. 꽉 막힌 숨통을 떨쳐 올리며 몸 낮춘 저 닿소리.

막히지 않는 홀소리도 없다. 가득 막힌 뒤에야 터지는 소리, 와앙 짓쳐나는 닿소리의 첫울음. 첫소리가 떨어진 뒤에야 오롯한 홀소리가 울고, 가슴 막힌 닿소리가 터져 강아지가 운다. 머릿속을 휘감아 도는 삐이잉 소용돌이, 가을벌레 소리에 귀를 여는 홀소리.

아하, 이 가을 어둠과 달빛이 손을 잡는다. 바람이 가을가지를 닿소리로 치고, 떨어져 흩날리는 가을들 홀소리로 뒹군다.

기미

내 얼굴에는 기미가 있어. 기미는 거미를 닮았어. 시골 집의 낡은 처마 끝에 거미줄 피어나듯 거뭇거뭇 거울 속에는 어미 거미와 새끼 거미들이 줄줄이 몸싸움하는 기미의 무리가 있어. 흙 마당을 뒹구는 어린 날의 얼굴에는 땟국물이 넘쳐흘렀고 그때부터 흑설탕을 뿌린 듯 기미가 있었어. 그 작은 기미들은 검은 몸빛의 거미처럼 새끼를 쳤어. 거미 새끼들을 보며 기미의 근원을 파헤치는 어른이 되고 싶었지.

아무것도 기록되지 않은 거울 같은 공책에 얼굴을 비추며 엄지와 검지와 중지에 연필을 쥐었어. 거미줄로 이어진 삶의 줄금들을 가갸거겨 그어가며 책상머리에 삶의 소리를 아야어여 따라 적었어. 하굣길엔 풀꽃들의 이름을 불렀어. 소리와 이름들이 얼굴에 새겨졌어. 흙 속을 뒤집는 땅강아지와 솔바람을 타고 떠나는 송홧가루, 자음과 모음이 가슴을 채우고 내 얼굴을 검게 키웠어.

얼굴이 커지고 검어지면 갯바위처럼 바닷물결 견뎌내는

어른이 되는 줄 알았어. 대학을 향한 고교 시절의 뭇 글자들은 농익은 해당화 꽃잎으로 얼굴을 덮었어. 그 여드름들이 까맣게 영글어 씨앗이 되는 줄 알았어.

집 돌담 옆에는 늙은 살구나무가 있었어. 봄철이면 분홍으로 피어났다가 지는 봄날이면 노랗고 새콤하게 살구를 익혔어. 가지 끝이 담장을 넘겨다보고 거미들은 담장과 가지에 사다리를 연결했어. 긴 날줄이 지나면 짧은 씨줄들이 얽혀 기하학의 무늬가 되었어. 바람은 흔들리는 무늬 위에 걸터앉곤 했어. 하늘은 멀리 높고 땅은 널리 푸르고 몸 흔들며 날아가는 바람 소리에 노래를 실었지. 거미의 노래는 시냇물처럼 쏴아쏴아 바다에 넘치고 싶었어.

그 후로 거미집을 엮는 시인이 되었어. 거미줄처럼 질서정연하게 늘어선 한 줄 한 줄 책장을 펼칠 때마다 활자가 튀어올랐어. 원고지에 찍혀가는 활자는 점점이 얼굴을 채웠어. 거미줄 위로 가을이 내리고 겨울은 꽃이 되고 여름은 다시 단풍이 되었어. 추위와 더위가 헤아릴 수 없이 술

래잡기를 하는 동안 다시 거울 앞에 섰어. 까만 활자들이 거미줄처럼 얽힌 얼굴, 박제된 거미알들이 검버섯으로 번져 있었어.

제2부

어머어머 큰 산

그럴 때

눈 익은 골목길이 갑자기 좁아 들 때 있어요. 집집 사이로 꺾여 든 담벼락들이 좁은 미로를 지나는 자동차를 쿵쿵 들이칠 것 같아요. 어제는 안 그랬는데 들어올 때도 안 그랬는데 나가는 골목이 나를 압박해 와요. 나는 살얼음 미끄러지듯 핸들을 꽉 틀어쥐죠. 흠칫 브레이크를 잡죠.

그럴 때면 오늘처럼 짙은 안개 속으로 떠난 엄마가 손을 흔들어요. 미세먼지를 머금은 물방울들이 아버지의 눈빛으로 하늘에 젖어 있어요. 집에 들면 출타한 아내가 저녁 땅거미로 스러질 것 같고요. 거실에는 차갑게 식은 보일러가 윙윙 머릿속을 울려요.

산등성이 출렁다리 위에서 어쩌지 못하고 멈칫대던 가슴, 현기증이 달려와 휘이이 천길 바람으로 쏟아지는 아득함, 풀린 다리를 추스르지 못해 주저앉을 때 있어요. 의지를 벗어난 일상들이 캄캄 담벽처럼 조여들 때 있어요.

천리마

달려보자
한 세상 뭐 그리 옥죄는 것들이 많더냐
출근의 매연 뒤로
몇 발짝 뛰기도 전에 턱턱 물려오는 재갈이며
두세 발 뒤척이기도 비좁은 마구간
칭칭 두른 관계의 목줄이며
작별을 거부하는 핏줄 같은 등껍질 안장

우리의 꿈은 천리마다
지쳐도 지치지 않는 철각
닳아도 닳지 않는 철굽
백두대간 휘날리는 갈기 털이며
만주벌판 후려치는 꼬리 총이며

가슴 짓누르는 철창의 마구간을 뛰어넘어
수풀 우거진 저 들판이며
검붉게 흐르는 저 강물이며
우뚝우뚝 가로막는 산맥의 등줄기며

>
울혈의 이 땅 위에 흙바람이 인다
알아주는 이 없어도
잊혀간 이름 백락*의 손길이
부둥켜안고 쓰다듬지 않아도
팽팽하게 끈 조이는
허벅지와 무릎 관절의 힘줄

눈동자를 막아서는 미세먼지
지평선 너머로 멀어져간 들길을 따라
달려보자
먼동이 가슴을 때리는 푸른 바다 수평선까지
한달음에 튕겨 오르는
우리는 천리마다

백락(伯樂) : 천리마를 한눈에 알아보았다는 고대의 인물.

대마도 노을

꽃잎이 탄다
목도木島*가 온통 화염이다
빠알갛게 물든 서녘을 응시한 사내
칼끝 사십 줄 눈매엔
그리운 어미나라 장미꽃이 피고
보인다, 꽃잎 너머
대지를 솟구치는 새벌新羅의 기상

돌이켜보면
밝은뉘赫居世 한아비의 떡잎으로 일어서
여린 가시덩굴로 이어온 고국 사백 해
돌아가리라
죽어 새벌의 꽃으로

등허리를 타고 오른 꽃잎이
하늘을 적신다
더욱 빠알갛게 달아오르는 하늘 가엔
파랗고 파란 새벌이 어리고

오랑캐의 나라, 그 외진 유형流刑의 섬 끝에
지금도 타오르는
새벽 사내의 장미빛 눈동자

*목도(木島) : 신라 박제상이 화형을 당한, 대마도에 딸린 섬.

첫눈

12월의 바람에는 중력이 실려 있다
눈 뜨고 피어나던 푸른 가지들이
열두 번 어둠과 밝음의 달빛 아래
휘청휘청 무게가 된다

성에 낀 미끄럼의 발걸음을 가늠하다
턱턱 주저앉고 마는
저 수없는 지난날의 나뭇잎

세월은 제자리로 돌아가는 것이라고
하늘하늘 저녁 새의 깃털 하나
못내 땅으로 돌아오고

뿌리로 돌아가는 것이라고
허리 굽힘에 집중하던 갈대 꽃술들이
영하의 빙점에 씨앗을 떨군다

12월은 무게를 비우는 계절이다

뉘우침도 돌아봄도 풀어 날리면
중력의 바람 사이로 쏟아지는
하늘하늘 저 하얀 깃털

벗나무 다리밋자루*

불 발린 장닭이다, 벗꽃길
검버섯 가득 늙어버린 벗나무 밑동

꽃덤불 솟구친 꽃자리에 여름이 들면
늙은 벗나무 아래
꽃잎 영글어 까맣게 몸 풀어내는 씨알들

아이들 숨 지친 굴렁쇠처럼
동글동글 흙빛으로 뒹굴어도
뒤척이고 구르다가 까무러쳐도
포장도로 검댕이 낯빛엔 끝내 뿌리내리지 못한다

늙은 벗나무 홰를 쳐 그늘 드리우지만
거세의 구둣발에 부서지는 씨알들
품어도 깨어나지 않는 양계장의 무정란

그 가위눌린 몸부림들이
까무룩 꺼무룩 굴러다니다가

불륜의 자동차 바퀴에 점점 핏덩이로 부서질 때마다

빈 횃대처럼 시름 젖은 벚나무 다리밋자루
밤꽃 내음 쿨럭이며 객혈을 했다

* 다리밋자루 : 남자의 성기

가짜 뉴스

그 겨울엔
정어리 떼가 수난을 당했다
동해를 헤엄쳐야 할 정어리들이 서해로 몰려들고
가짜 뉴스의 주범이 정어리 떼라고
정어리잡이 배들이 까맣게 바다를 덮었다

사이비 교단에서 떨어져나온 붉은 혀가
한강 지류로 흘러들었다
산속 풍경 소리에 덧씌워진
위선의 혀가 계곡물을 오염시키고
여의도 둥근 지붕 속에서 웅성거리던 검은 혀들이
마포 나루로 흘러들었다
그 혀들을 건져 올린 어부들은
자기 입맛에 맞게 덧칠을 했다

붉거나 검거나 희끄무레하거나
혀와 혀가 겹쳐 서해로 흘러들고
서해는 온통 혀로 넘쳐났다

그 서해에 정어리 떼가 밀려왔다
가짜 혀들을 진짜 먹이로 착각한
수많은 정어리들은
입맛에 맞는 혀 하나씩을 물어 올렸다
파도가 일렁일 때마다
출처를 알 수 없는 은빛 혀들이
바다 위를 철썩거렸다

피싱 보이스

물속과 물 밖 세상을 이어놓은 줄이 있다
유혹에 숨겨진 송곳날
수초 사이 달콤하게 흔들리는
지렁이의 휘파람을 듣거든
김 펄펄 입맛 돋우는 떡밥을 만나거든
풀숲 또아리 튼 뱀을 본 아이처럼
움찔 숙여야 한다
빨아들이는 것은 찰나의 선택이다
흡, 우리의 입과 목을 뚫고 가는
뱉어낼수록 몸부림칠수록
더욱 깊게 박혀가는 유혹
눈을 감아야 해
세상 어디에나 가득한
싱싱한 지렁이들의 속삭임, 그러나
이 세상 어디에도
우리들의 양식은 넘쳐나지 않는 법
조신하게 조신하게 피해 가도
꽃잎처럼 흔들리는 저 찌는

우리의 입과 아가미에
미늘창을 겨눈다
낚이지 말자
입을 대지 않아도 돌아보지 않아도
군침을 흘리는 순간
씀벅, 우리 몸뚱이가
하늘로 솟구치고 있다

개구리알

봄은 까만 눈동자로 온다지

옛 자취를 걷다 웅덩이의 가슴팍을 만났어
산 그림자 스멀거리는 수면 안에는
철 지난 낙엽들이 몸을 적시고
하늘을 나는 새 떼들
까만 씨앗으로 흐르고 있었어

꽃샘에 젖은 2월의 빗물들은
우수의 비탈 따라 낮은 곳에 모여 있었지
차가운 목련들 몸 움츠려
물결 따라 제 얼굴 비추고 있었지

가슴 밑으로만 불던 바람은
목련의 뿌리 끝에 머물렀어
붉고 흰 옷자락 펼칠
빗물처럼 매달린 가지 끝 꽃망울들
우리들의 봄은 아직

솜털 속에 꽃잎 감추고 있었네

산그늘 웅덩이 가슴 속에는
깨알 같은 흑진주가 낭랑하다네
청포묵보다 더 유연하고
젤리보다 더 투명한 눈빛

청명한 금낭錦囊 속에
농익은 포도 알갱이로 꼼지락거리는
봄의 눈동자
지난밤의 겨울을 깨치고 문득 뒤돌아
아하, 경칩!

의처증

당신의 사랑은 바람인가요. 누군가의 눈빛 속에 의심을 섞는 일인가요. 그 봄날 새들이 울었어요. 나뭇가지엔 울음의 둥지가 올라앉고 당신은 둥지 속에 사랑을 가뒀어요. 알을 품다 풀벌레 잡아 오면 풀벌레 어디쯤서 잡아 왔을까, 왜 한참이나 걸렸을까, 다른 새들을 만나지는 않았을까, 캐물었어요.

당신의 사랑은 비밀을 허락지 않는 밀실인가요. 햇살 푸른 창살에 커튼을 치는 일인가요. 새어드는 어스름 달빛을 보고 삿대질을 하는 일인가요. 밀실을 나설 때면 시장바구니에 아이를 실었어요. 동창생 웃음소리에 당신의 발소리가 따라왔어요.

손전화의 얼굴엔 늘 당신의 지문이 흘러요. 번호마다 물음표 몇 개씩 찍힌 그 자리에, 나는 봄날의 울음이에요. 울음은 호수 위에 바람결을 그려 넣어요. 흔들리는 결마다 우울 하나씩을 띄워 보내요. 바람의 무늬가 퍼질수록 석양은 출렁이고 울음은 물결 속에 오래 뜨거웠어요.

바람에 울음을 풀어가는 사랑, 어둠이 바람의 무늬를 지워요. 숨이 막혀요. 노을이 떠나고 끈적한 땀내들이 컥컥 기도를 막는 이 물속, 지난 한낮의 낡은 자유를 깨워낸 물고기들이 몸을 뒤집고 입을 벌려요. 어떻게 벗어나야 할까요.

등이 아픈 날의 바퀴벌레

　등이 쑤신다. 그의 몸통을 뒤집으면 가슴살이 뽀얗게 부풀었다. 그의 통통한 허벅지와 종아리가 서성거린 톱날자리가 욱신거렸다. 우둑우둑 허리를 꺾으며 스프레이 약을 뿌린다. 화닥닥 놀란 그가 등가죽 속으로 숨어들고 내 출근의 등허리에는 늘 파스 냄새가 났다.

　그는 내 눈에도 산다. 컴퓨터 앞에 앉으면 적진을 향한 포신처럼 의기양양 머리를 쳐들고는 검고 둔탁한 이마를 들이밀었다. 그의 머리에 난 촉수에 감전된 모니터가 우우우 레이더 돌아가는 소리를 냈다. 그의 레이더엔 세상 어둠이 퍼뜨리는 하수구 냄새가 잡혔다.

　내가 글을 쓰는 동안 그도 글을 쓴다. 내가 상사와 동료들의 눈치를 섞어 엮는 동안 그는 뒤에서 상한 음식들을 잔뜩 모아다 버무렸다. 그는 내 등에서만 살지만 언젠가는 어깨 위로 촉수를 내밀었다. 푸른 햇살에 찔린 그가 우당탕 싱크대의 등짝 밑으로 몸을 숨겼다.

가슴을 펴고 다니는 내 등엔 축축한 그가 산다. 어둠이 내리는 퇴근길은 그의 세상이다. 집안에 들어서는 내 발가락엔 하루의 구린내가 고이고 얼굴에는 퀴퀴한 피곤이 묻었다. 그는 풀 죽은 저녁 밥상 위에 올라 내 입맛을 가늠하다간 소파 위에 늘어진 등 밑에서 새 일과를 시작했다. 잠든 침대 밑에 둥지를 틀고 지난날의 냄새들을 더듬으며 밤새워 내 등을 물어뜯었다.

엄마 생각

엄마를 부르는 시집*을 읽고 있는데 방안으로 가을이 찾아왔어요. 우리 엄마는요, 작년 가을 먼 숲에 들었거든요. 그 숲에는 가을의 붉은 가슴들이 검은 그림자로 서걱거리고 그 발자국이 들어왔어요.

귀뚜라미예요. 몸빛이 가을이에요. 검은 소리를 내거든요. 우리 집은요, 30년이 넘도록 늙었지만 틈새가 없어요. 틈새가 없는데 자꾸 들어와요. 지난주 저녁에도 엊그제 새벽에도, 오늘은 저녁도 새벽도 아닌 한밤이에요. 틈새 없이 들어오는 건 진짜 귀뚜라미가 아니에요.

방안에 든 가을은 날지 않아요. 방에서는 날개가 필요 없거든요. 그래서 두 개의 촉수만 잠깐씩 깜박거려요. 검은 코를 땅에 드리우고 생각에 잠겨요. 천천히 책상 옆을 서성거리거나 바람벽 아래 한참을 머물렀다간 다가오는 거죠.

엄마를 부르는 시의 행간도 건드려 봐요. 내 손등을 매만지다간 옷장 안을 들여다보죠. 그러다간 또 내게로 와요. 치르르치르르 날개의 톱니바퀴가 연주하는 소리는 내지 않아요. 아무 말 없이 왔다간 돌아서고, 보이지 않는 저만치 어둠 같은 상념에 젖다간 다시 돌아와 눈앞에 서성거려요.

내가 부른 걸까요? 들어왔으면 나갈 틈새를 남겨두었을 텐데 나가지 않아요. 그런 가을 때문에 창밖엔 이슬이 내려요. 엊그제처럼 나는 딴 세상으로 통하는 창문을 열어 쥐었던 손을 펼치죠. 창문을 닫으면 빈손이에요. 창문 밖에서 가을 소리가 울려요. 작년 가을 엄마는 먼 숲에 들었거든요.

* 김홍정 시인의 시집 『레게를 부르러 가요』.

어머어머 큰 산

내가 사는 산골엔 어머어머 큰 산이 있다. 어머어머 큰 산은 동쪽에도 있고 서쪽에도 있고, 나는 해가 뜨기 전에 일어나 텃밭 이슬을 핥아 몸 축이는 달팽이의 끈적한 촉수를 어머어머 부러워하며 손가락을 뱅뱅 달팽이집을 그렸다.

등굣길 물도랑엔 선잠 자다 깨어난 송사리들이 하품 같은 기지개를 켜고, 아침 해는 어머어머 동쪽 산을 늦게 넘어왔다. 오후가 되면 하굣길을 따라 늘어진 햇살들은 옆집 친구와 팔 떨어지는 딱지치기를 잠시 구경하다간 어머어머 서쪽 산을 서둘러 넘어갔다.

언젠가 옴팡진 봉례가 눈 흘기며 그건 어머어머 큰 산이 아니라 어마어마하게 큰 산이라고 해야 한다 일러주었지만, 어마어마 늘어진 세월의 주름살을 외줄 타듯 잘 건너온 이때까지 나는 지금도 어마어마하게 큰 산보다는 어머어머, 저 큰 산! 놀라 뒤집어지는 턱선을 가지고 산다.

제3부

뒤를 본다

1.

팬티까지 발라당 까 벗고
밑구멍 옆 밥술만 한 종기를 째고 돌아온 날은
엉덩이가 혼자 빨갰다
꼭꼭 숨겨라, 구린내가 보일라
여드름 탱탱한 간호사의 손길이 주무를 때도
똥구멍을 감싼 여린 살들이
주삿바늘에 아야야 비명을 지를 때도
종기만 터치는 건 언 발에 오줌싸기요
근根을 뽑아내야 한다고
서걱서걱 살점 가르는
메스 소리에도 뻔뻔했던 태연자약들이
한밤중 변기에 눌린 엉덩이를 매만지며
뜨끔뜨끔 핏물을 붉혔다

2.

똥이 묻었다
나이 더할수록 세월은 닳고 닳아
화장지도 얇아졌다
세 겹 네 겹 배춧잎처럼 두툼하던 두루마리들이
두 겹 한 겹 상춧잎이 되었다
똥 냄새 웅웅거리던 어릴 적 배설의 어둠은
문득 뽀얀 샘물로 엉덩이를 씻었다
세상은 날마다 달마다 풍요로웠지만
계절이 낯빛 바꿀 때마다 궁색해지는 가슴
해가 저물 때마다
겨울 잎처럼 휘날리는 부끄럼의 손때
내 어머니와 아버지
주름주름 얼굴 손 낡아갈 때마다
불빛 낮추고 씀씀이 낮춰가던 세월처럼
기어이 내 화장지도 얇아졌다
똥 찌꺼기가 손바닥과 화장지 사이에서
팽팽하게 마주 서는 순간
다시 접어 당기던 손가락에

똥이 묻었다
때 절은 손에 똥 때가 얹어졌다

3.

비닐 손가락이 아래를 쑤셔댄다
선거 개표 방송을 보다가
똥구멍이 막혔다
세상이 둘로 딱 갈라섰다
이 땅의 대통령이
내 편 네 편 나랏님 따로 아닌데
입구멍 똥구멍은 한 몸의 위와 아래
들이고 내쉬는 통로
섭생의 맛을 잊은 식탐들이
똥구멍만 탈 났다고 야단들이다
똥구멍은 이렇게 뚫어야 한다고
관장약은 저게 좋다고
개표 방송이 끝나도록
봄누에 실 뽑듯 똥은 나오지 않는다
아래가 막혀도 입은 쉴 수가 없어
서로 삿대질하는 입질
더 채울 곳 없는 창자는
옆구리에 대못 기둥을 세웠다

설사약을 먹어도 속만 들끓고
손가락 깊이 약을 넣어도
굳어진 장벽 쉬이 뚫리지 않는다
후보들이 외쳐대는 저 비지땀만큼
방울방울 염소똥 몇 방울 내뱉어내곤
아랫배 가득한 똥 그대로
관장은 끝났다

4.

뒤는 분출하는 욕망이다
내 집 문 앞엔 어제처럼
길고양이 밥그릇이 놓여 있다
욕망과 위험의 갈림길에
누군가 채워놓은 밥
밤이면 야생의 배고픔들이 벌름거렸다

여기는 아프리카 케냐의 우림지대
목마른 강가 어린 사슴 한 마리가
한 모금 물을 핥기까지
물결에 떠 있는 눈깔 두 개
숨죽이는 악어의 욕망
오래 흠칫거리던 사슴의 뾰족한 주둥이 끝에서
강은 동그라미 겹물살을 그렸다

오늘도 그랬다
고양이는 나의 눈빛을 주춤주춤 흘겨보다가
다 참지 못한 젖은 욕망 하나를 물었다

목마름을 지울까 악어를 피할까
차안과 피안의 문턱에서 오래 망설이다가
어린 사슴처럼 고양이처럼 나도 물 알갱이 한 입
입에 물곤 했다

그럴 때면 강물의 눈깔은
검푸른 눈물샘을 닿아걸고 노려보았다
오늘 악어는 사슴을 물지 않았지만
욕망을 깨무는 고양이에게서 몇 발짝 물러서다가
자꾸만 나는 뒤가 마려웠다

5.

내 아침은 구리다
구린 아침의 한쪽에는
위염에 위산과다
아픔 하나가 묻어 있다
새벽이면 일어서는 빈속의 위태로움
힘든 세상의 벼랑 끝에 매달려
꺼윽-꺼윽 몸을 뒤채다 보면
창살 너머 눈부신 하루는 느릿느릿 걸어오고
메마른 입술 사이에서 머뭇거리는
숟가락의 몸놀림이 권태롭다
이런 날 아침이면 화장실에 간다
입으로 싸는 설익은 똥
아주 쉽게 아침의 끼니를 뱉고 나면
두렵게 뒤따르는 시디신 아픔,
허옇게 뜬 얼굴로 화장실 문을 나서는데
헐어버린 위벽을 씻어줄 화장지가
손에 없다

6.

비데가 솟구친들 무슨 소용이냐
방귀를 긴장하자
내 손길이 문질러대는 엉덩이는 쓰레기통
파리 구더기 넘실대는 똥통이다
뒤를 참다 되똑되똑 화장실을 찾는 길
방귀가 똥보다 앞질러 밑을 빠져나온다
속임수다
살짝 내보내려 뀌는 방귀 속으로
울컥 똥이 지린다
장이 안 좋은 나의 괄약근은
아직도 방귀에 숨은 묽은 똥을 막지 못하고
화장지 가득 물결치는 엉덩이의 똥
팬티를 갈아입으며
때 없이 가득 찬 21세기의 쓰레기통을 생각한다
똥과 오줌이 한데 구겨진 지구라는 화장지
세상 몸 안의 대장균들 물씬
거기 접혀 있다

7.

누에고치 속엔 촛불이 산다

봄누에 피를 쏟듯 실을 토하고
촛불은 눈물 쏟듯 나를 태운다
맑은 피로 몸을 채웠다가
솜털 구름 펼쳐내는 누에
뽑힌 실들이 동그랗게 여물 때
핏기 마른 몸뚱이 쪼그라지고 작아지고
벗어던진 껍질 안에 웅크린
불덩이 하나

바람이 차단된 누에의 방엔
촛불 꽃이 산다
정염처럼 몸을 살라
방안 어둠 물리칠 때면
변태의 등껍질처럼 흩어지는 눈물들
더 부드럽게 꽃잎 게워내는
붉은 몽당초

\>
어둠이 몰려드는 누에의 집엔
석양의 춤사위가 걸려 있다
나비처럼 날아오르는 푸른 주름
점점이 동그랗게 동그랗게
하얀 지붕을 뚫고 솟아나는
촛불의 붉은 배설

8.

나의 뒤는 구리다
구린 내 뒤엔
언제나 똥덩이 몇 개 매달려 있고
나의 뒤쪽에서
누군가 의심스런 눈초리를 벌름거릴 쯤이면
나는 화장실에 간다
더러움이 만신한 배를 더듬으며
알맞게 부풀어 오른 뒤를 두드리며
화장실 문을 들어서노라면
불행히도 뒤 구린 내 손엔
풍성한 화장지가 쥐어져 있다
참다참다 터뜨리는 울음처럼
지그시 혀를 깨무는 아픔처럼
밀리어 쏟아지는 내 실체
아무도 보이지 않는 곳에 숨어 나는
구린 뒤를 닦고 닦는다

9.

화장지가 있어도 뒤가 구리다
화장실에 앉아 주저앉아서도
잘 익은 호박 같은 뒤를 받치고 앉아서도
희희낙락 휘파람을 불거나
정경유착 신문을 보거나
스스로 뒤 구린 것을 확인하지 않는다
구린내를 온통 꽃내로 착각하는 나와
돌아보기조차 두려운 내 뒤를 핥는 너는
언제부터 주종의 관계를 설정했더냐
변기통에 썩은 살덩이를 반쯤 묻어두고도
잊혀진 삶의 꽃잎,
휴지통 가득 낙화한 삶의 의미를 나는
확인하지 않는다
가장 큰 더러움을 가장
깨끗이 하기 위해
네가 어떻게 놓여지는가를
돌아보지 않는다

10.

위와 아래에 왜 구멍이 있어야 하는지
왜 위로 먹고
왜 아래로 싸야 하는지의 이유를
나는 모른다
화장실에 앉아 사탕을 먹는다
오리온 땅콩 캔디
물엿 반에 설탕이 흘러 달콤한 맛
노르스름한 사탕을 먹으며
노르스름한 똥을 싼다
구린 향내 뭉클한 곳에서
똥색 사탕을 먹는 나는
윗물이 맑아야 아랫물도 맑은 법
옳게 먹어야 옳게 싼다는
평범한 진리를 익혀 사탕빛
똥을 싸고 있다
한참이 지나 사탕이 모두 녹을 즈음
아래 구멍을 화장지로 닦다가
꼭 위를 훔치는 것만 같아

깜짝, 입을 오무린다

11.

세월은
배설처럼 흩어지는 잊혀짐이다
똥을 싸며
묵은 활자 가득한 1989년의 청문회를 본다
꼭 나와 같은 자세
나와 같은 표정으로 앉아있는 증인과
서슬푸른 어느 의원의 손가락질 아래
엄숙함으로 표백된 누군가들이
앞자락에 손을 얹고 있다
시대의 아픔과 절망의 청문회,
끊임없는 회의의 물음표를 던져야 할 역사의 답안에
돌아서 마침표를 찍는 우리는
아하, 뒤가 구리다
문득 뒤 구린 누군가의 사진 위로
듬뿍한 내 똥, 크낙한 마침표가 찍힌다
찌푸려지는 표정들
물음표를 찍어야 할 곳에 마침표를 찍고 일어서는
배설의 한때

똥 묻은 내 얼굴이
변기 속에 처박힌다

12.

남쪽에 아들을 둔 북녘의 어머니는
변비를 한다
이제 눈 감을 날이 머지 않았는데
아들 보고파 감을 수도 없는데
깊은 시름으로 숨죽이는 변기 속으로 어둠이 쌓이면
쪼그리고 앉아 밤새워 흘리는 눈물
그 가위눌림보다 질긴 그리움이
쏟아지지 않는다
지난 아침 한숨으로 떠오른 아들의 얼굴 같은 햇살 하나
마저 잠들고
쏟다쏟다 쏟지 못한 그리움 하나
화장실 쪽창 위로 날려 보내면
남녘의 한편에 아들 닮은 달빛이 뜬다
남녘의 아들아 배설을 하자
흐린 내 눈이 흙으로 돌아가기 전
우리 사는 두 동강 허리춤을 부여잡고 철책의 허리띠
후련하게 풀어
남녘의 아들아 배설을 하자

남쪽에 맺힌 이산의 어머니
꽉 막힌 변비를 쏟는다

13.

변비가 생겼다
비닐은 재생 쓰레기통에 버리면 안 돼요
우리 아파트 쓰레기장에는
재생 함들이 진열대의 인형처럼 늘어서 있다
음식물은 음식물대로 헌 종이는 종이대로
빈 깡통 빈 병 빈 페트병 폐형광등 건전지 수거함까지
쪼르르 늘어선 쓰레기장에
몇 날 상표를 뜯어내고 종이를 벗겨낸
빵 봉지며 과자 포장지를 재생함에 넣다가
플라스틱 함에 넣은 비닐 때문에 내가 얼마나 고생하는 줄 아세요?
잔뜩 흐린 경비원의 잔소리를 듣다가
그럼 이걸 어디다 버려요?
비닐을 재생 안 하면 분리수거 무슨 소용이죠?
그건 그런데 암튼 비닐은 쓰레기봉투에 담아 버리세요
때아닌 핀잔을 듣다가
변비가 생겼다
꽉 막힌 대장이 똥을 밀어내지 못한다

소화 못 할 비닐들이 가득 찬 세상
변비에 걸리면 변비약을 먹으면 되는데
분리수거 판을 다시 짜면 되는데
오늘도 소화되지 않는 비닐을 가득 쓰레기봉투에 담으며
아무도 뚫리지 않는 세상의 변비에 귀 기울이지 않는
이 땅의 어두운 변기 위에 앉아
끝내 다 삭히지 못한
길게 매달려 떨어지지 않는 비닐 똥을 잡아다니며
오래도록 아랫배에 힘을 주었다

14.

사흘째
똥 바닥에 주저앉은 햇살들
똥쟁이*는 물러가라
쨍쨍 내리쬐고 있다
군청 앞
5월의 잔디는 아직 똥빛이다
천막 한 장, 청사 앞길에 늘어선 노동자들이
이팝의 꽃그늘로 몰려 있다
저단가로 지역 장비 외면하고
똥**떼는 시공업자 박살내자
민주노총 조직부장의 목쉰 마이크가
컥컥 가래를 내뱉는데
모두 조용하다, 우리는
길바닥 가득 사흘을 주저앉은 노동자
그 엉덩이가
똥땀에 젖어 있다

* 똥쟁이 : 똥을 떼는 건설시공업체나, 그 업자.
** 똥 : 시공업자가 하청업자에게 요구하는 뇌물. 또는 건설비 일부를 편취하는 일.

15.

나의 앞은 구리다
도립 홍성 의료원 제1병동
온갖 약품 냄새 땀 냄새를 맡으며
나의 콧구멍은 하늘을 향하기 시작한다
병상에 누운 아버지와
수많은 병상 수많은 사람들이
병든 살점 하나씩을 풀어내리는 아픔
병상 위에 공허한 위안의 눈길을 뿌리며
성한 육신 하나로 죄스런 자리, 못내 겨웠던 게지
나는 풋풋한 정원을 꿈꾸며
밖으로 나왔다
일순 환해지는 들창코, 그러나
밖에서도 가시지 않는 냄새
화장지를 꺼내 나는 코를 푼다
그득 묻어나는 피고름, 악취가 넘실거리는
그것은 내 몸에서 솟아나는 구린내
바지 앞자락이
똥물에 젖어 있다

16.

지하철역 화장실
용변을 마치고 돌아서는 코끝에
지린내가 묻어 있다
소변기 같은 세면대에서
씻고 또 씻어도
얼굴에 붙은 한 점 지린내가
지워지지 않는다
목이 마르다
세면대에 쏟아지는 물줄기
목을 타고 흐르는 물맛에도
흐릿한 비린내가 젖어 있다
자세히 들여다보니 오줌 줄기만 같은 물줄기
아랫배로 전해오는 그윽한 팽만감을
꺼-윽,
뱃속 가득 담고 나오는데
지린내를 한쪽씩 달고 다니는 얼굴들이
역사 가득 웅성거린다

제4부

탄금대

11월

벽에 걸린 달력을 떼다 보니
문득 두 장 남았더라고
올해가 참 가볍게 지나갔더라고

10월을 떼어 보니
달력이 진짜 두 장 남았다
가볍다,
두툼하게 걸려 있던 세월

여름옷을 붉게 갈아입은 가을도
하나둘 옷을 벗고

군더더기 낙엽을 떨구며 11월이
날렵하게,
두 장으로 걸려 있다

입춘

오리도 우리와 같아서
입춘 푸른 물을 먹고 싶다
보아라
겨우내 북극 구름 거슬러 온 오리 떼들이
물 위에 앉는다
차디찬 강가 젖은 물살마다
새까맣게 불 켜진 물갈퀴들이
물살 무늬를 만들고
물 위엔 동그란 오리 등을 축으로 흔들리는
동심원의 무늬들
이곳도 검은 물이 아니냐
저 물고기 살빛 검지 않느냐
긴 부리를 더 길게 머리 박고 있다
형형하게 투시하는 오리의 눈빛
머리를 들면
다시 자맥질의 무늬로 흘러가는 오리들
우리도 오리와 같아서
검은 세상에 물살 무늬 만들며

입춘 시린 바람 거스르고 싶다

탄금대

겨울 탄금대에 서면
지금처럼 굴참나무 신갈나무 우거진 곳 아닌
늙은 소나무들 가득 늘어선 이 숲에
1500년 전 그 소리 낮게 깔린다
그곳에 서면
성에 낀 솔내음이 눈발처럼 흐르고
바람을 실어나르던 남한강의 물결들이
녹슨 전설 귓바퀴에 들려준다

가야의 소리가 왕 앞에 엎드리고
두 귀를 껌벅이던 왕은 소리를 이곳에 보냈단다
가야에서 가장 먼 북녘 충주에서만
탄금을 허락했단다
소리는 모여 강을 이루고
나라와 고향을 떠나보낸
십이 현 눈물이 열두 가야를 탄금했단다

가닥가닥 명주실을 타고

오동나무 빈 몸통을 공명하며 떨리던 손가락
동짓달 시린 바람이 소리에 얼어
남한강 물결 쩡쩡쩡 금이 갔단다
다시는 돌이킬 수 없는 물결들이
강기슭 솔숲에 달려 눈송이가 되었단다

지금도 탄금대에 오르면
꽝꽝 굳어버린 탄금을 위해
마른 솔가지 수북이 모아놓고
튕겨오르지 못한 탄금을 피워올리는
뜨거운 바람이 분단다
빨갛게 가슴 사르다가
식어간 고향처럼 스러지던 모닥불
그리움을 못다 태운 열두 줄이
까맣게 재로 묻혀버린
저 눈 젖은 낙엽
역사의 땅속으로 미끄러져 흐르는
열두 줄 탄금

오랜 사람을 만나러 갈 땐

낡은 구두를 신는다

신발장엔 두 개의 구두
먼저 눈에 띄는 건 새 구두다
신입사원의 첫 출근처럼 반듯하게 굳어 있다
갓 다림질 마친 양복을 입고
낯선 사람
각진 자리를 찾아갈 때 신는다
아주 가끔이다

2년을 넘어
구겨진 주름들이 물결처럼 흘러간 구두
새 구두를 사는 날
구둣방에 들러 수선을 했다
입 벌린 발등을 오므려 꿰매고
바람이 무시로 드나드는 밑창은
접착제를 발라 붙였다

\>
다시 낡은 구두를 신는다
폼 내는 게 어찌 쉬운 일이랴
약을 발라도 빛이 들지 않고
끈을 조여도 느슨하게 풀어지는
구두를 신고 나서면
발걸음을 받쳐주던 보도블록들이
다 떨어진 구두를 왜 신고 다니냐고
터덜터덜 흉을 본다

때로 그것이 부끄러워
새 구두를 신고 올 걸 하면서도
주름지고 각 떨어진
오래된 사람을 찾아갈 때면
봄날의 가뭄 든 들판
여름날의 장마와 무더위를 함께 걸어온
편한 친구를 신고 간다

겨울 냉이

녹슨 풍경소리 서걱일 때마다
잠이 깨요
지난 계절 흙바닥에 피워올린 푸른 잎자락
서리가 쓸고 간 빈자리마다
눈보라 뒤덮인 발자국마다
내 푸른빛 한 자락씩 낡아만 가요
고무줄처럼 질긴 동짓달의 어둠
소한 대한 칼바람으로 떠난 그대 뒷자락
나는 온통 검부러기로 바래버린 잎줄기예요
그러나 새 아침이 떠오르면
정월 대보름 둥실 떠오르면
임계점에 다다른 추위처럼 와들와들 피어나는
가슴팍의 푸른 눈
달무리 붉은 심장처럼 펼쳐요
내 발 디딘 땅은 풀 향기마저 저체온증
떨다떨다 까무룩 멀어져가는 넋의 시야는
다시 새벽 댓바람 소리
문득 어둠 때리는 죽비 소리에

잠깐 눈을 떠요
저 멀리 그대가 와요
더 깊이 더 깊이 얼어붙은 흙 속으로
순백의 뿌리 엉글어 가요

빈집

비가 내리고
내리는 도심 넘고 언덕 넘고
개망초 달맞이 젖어 흐르는
빗소리를 보러 간다
소음이 북을 치는 거리를 내던지고
빗소리를 채우러 간다
흘러내리는 풀잎 속으로
아무도 기척 없는 빈집에는
더 가득한 빗소리의 출렁임
요양원으로 떠난 엄마의 웃음과
더 멀리 떠나간 아버지의 헛기침이
아직도 쩌렁하게 녹슬어가는
장독대와 헛간,
흩어진 6남매의 물장난이 첨벙거리는 안마당
촘촘하게 세상의 틈을 차단하며
빈집은 지금 소리로 가득하다
빗줄기 거셀수록 물안개로 차오르는
마당가 감나무엔 동그란 엄마 얼굴

무너진 돌담엔 검붉은 아버지 팔뚝
소꿉장난하던 사금파리 흔들리는
오늘 나는 빗소리를
만나러 간다

스쿨존

파란불이 들어왔다, 비 내리는
네거리의 4차로
저물어가는 푸른 물결 따라
속도의 가중 높여가는데
노랗게 달려 나오는 새끼 고양이
내 차의 범퍼와 고양이의 이마가
정면으로 만날 그곳
3월일까 4월일까
걸음마를 막 떼고 세상을 달리는 너는
유치원 문을 막 나서다가
노란 우비에 눈 가려진 아이, 지금은
중력을 거스르며
적색의 빗줄기를 끊어내는 시간
노란 우비 앞에 멈춘 차
바퀴가 도로를 긁는 외마디에
주저앉는 너의 발걸음
노랗게 놀란 너와 내가
잠시 멈춰 가슴 쓸어내리는

브레이크타임

만남은

보이지 않는다
물에 든 물빛 물고기
지느러미 물결로 헤엄치는 중이다

숲에 들어 숲빛 나무들
떼로 얽힌 가지들이 잠깐 갸우뚱한다

누군가를 만난다는 건
오래 들여다보는 일

그때야 물고기가 보인다는 걸 알지만
흔들리는 것만으로
우리가 되는 것은 아니다

만난다는 것은
손가락을 걸어 확인하는 일이다.

다가가 더듬어야 나무 하나 온전히 보이는
씨줄 날줄 눈빛 엮는 일이다

가끔

빵을 벗기고 비닐봉지를 먹는다
밥을 들고 숟가락을 먹는다

내가 거꾸로 말해도
아무도 기울이지 않는다

파란 구름에 하늘이 떠 있고
산골짜기 물고기에 시냇물이 뛰논다

욕심이 돌부리에 차이는 산 중턱
절룩이며 돌아서다
멧새를 만나기도 하는

삶은
가끔 틀려도 된다

꽃차

내가 그 자리로 돌아가지 못하는 것처럼
떠난 것들은 돌아오지 않아요

여고 교복 다소곳하던
빗소리로 배웅하던 소녀가 돌아왔어요

오래 잊고 살았지
셀 수 없는 숫자로 떨어진 단풍잎들이
다시 피어난 가을

잎사귀처럼 발에 꼭 맞는 운동화만
그때처럼 붉어

다가서지만 그 발걸음은
팔짝팔짝 들국화의 설렘 아니고

두 손 내밀면
가을 꽃잎 마른 결로 포개져

\>
세월의 오솔길에 가득했던
국화꽃만 찻잔에 우려지고 있어요

봉지 커피

내 몸에 달, 달이 떠
달이 떠오르면 내 손도 발도 달
입과 혀가 달떠 올라

블랙은 어두워 싫어, 달을 줘
달을 넘치게 부어줘
달이 많아 달달하면 더 좋고

달이 좋아 달을 마시지
보름달이 뜨면 호호 입김 벌려 마시고
초승달이 뜨면
천천히 마셔, 눈을 가늘게 뜨고

나른한 식후의 커피잔엔
밤바람처럼 빛깔 진한 물결
날마다 달이 떠, 달달
동그란 달

권태 · 1

베갯맡을 비추던 앉은뱅이 전등이 졸고 있다
벗어놓은 안경이 졸고 있다
시집이 졸고 있다
볼펜이 졸고 있다
방바닥이
담요가
천정이
우두커니 서서 장롱이
졸고 있다
내가
졸고 있다

권태 · 2

하루가 지나 잠자리에 누우면
하루만큼 내 삶은 짧아지고
억울해서 잠이 안 온다
잠 안 오는 밤이면 이상은
돌아오지 않는 애인을 생각했을까?
깊어가는 가을 풀벌레 울음 속엔
환생한 소월의 울음도
섞여 있을까?
귀 기울이다 새벽이 오면
더 억울하다
단종의 복위를 꾀하다
죽음을 당한 사육신
그들은 죽음 앞에 얼마나 원통했을까?
또 잠이 오지 않는다
눈을 뜨면 벌써 오후다
그만큼 내 삶 짧아졌겠지
휘청한 오후의 기상을 서둘다 보면
생각난다

잠 속에서도 잠 못 들며 억울해하던
지난밤 꿈 이야기

권태 · 3

멀리 풀벌레 운다
풀벌레 운다
아니, 웃고 있다
밤새워 푸른 목청의 날을 가는 풀벌레들이
내 무딘 언어를 비웃으며
밤새워 운다
잠시도 조용히 울지 않는다
잠시도 쉬지 않고 웃는다
울며 웃는 풀벌레는
내가 잠들 때를 기다린다
풀벌레가 울지 않는다
웃지 않는다
내가
잠들었기 때문이다

권태 · 4

책장이 꿈을 꾸는 밤이다
지난 하루 내 손가락 사이에서 피곤했던
펜들이 꿈꾸는 새벽이다
벌써 잊혀진 어릴 적 친구들이
가려진 등 뒤에서 꿈을 꾼다
수도꼭지의 물방울들이
간헐적으로 떨어진다
아침에 세수를 하던
머리를 풀어헤친 여자가
물방울 듣는 소리에
귀를 기울인다
밤마다
내가 꿈을 꾼다

권태 · 5

아무것도 생각나지 않는다
불안하다
너는 왜 사니?
누가 물어올까 봐
불안하다
아무것도 아닌 것 같은 오늘이
자꾸만 불안하다
불안한 내 발바닥 사이로
조그만 개미 한 마리
지나간다
넌 왜 사니?
개미가 깜짝 놀라
기절하지 않는다
불안하다

| 작품해설 |

흘러내리거나 가득하거나 출렁이거나

박 해 림
(시인·문학박사)

| 작품해설 |

흘러내리거나 가득하거나 출렁이거나

박 해 림
(시인 · 문학박사)

1. 소리에 겹친 관찰의 시선

 이명재의 시편 전반에 펼쳐진 세상은 시인을 둘러싼 저만의 특별한 시간과 그만의 현실이 빚어낸 활력으로 가득하다. 때로는 매우 예민한, 익숙하나 전혀 낯선 또 다른 세상이 겹쳐 있다는 것을 보여준다. 으레 그렇듯 제게 주어진 일상이 빚어내는 다양한 소리의 출렁임에 시인은 쉽게 흔들리기도 하나 결코 제 자리를 벗어나지 않는 꿋꿋함마저 확인하게 하는 것이다. 시인을 둘러싼 만만하지 않은 현실은 끊임없이 시인을 포위하고 있어 자주 내면의 자아를 의심의 눈초리로 돌아볼 수밖에 없다는 것도 그렇다. 누구에게든 하루하루의 일과는 대체로 새로운 듯해도 지난 시간과 이어져 있다는 점에서 결코 새로울 수 없을 것이라 짐작된다. 물론 개개인의 입장에 따라 어떤 일은 마침표를 찍을 수 있겠으나 그렇지 않은 경우가 더 많은 것이 현실이다. 만약 그것이 생계에 매우 밀착되었다면 그 누구도 자유롭지 못할 가능성이 높다. 시편의 자아 역시 그러한 상태에 놓여 있다. 주변의 상황과 인과 관계 그리고 사물과의 직간접적 소통을 적극적으로 하면서도 한편으로는 정지되었거나 움직이는 물체의 동작이 빚어낸 엇갈린 파장에 갇힌다. 그럴 때 자아는 자신의 의지와 상관없이 주변의 압박을 받으며 몸부림친다. 그 몸부림은 그가 원하는 바와는 아무런 상관이 없다. 오히려 매우 당연하다는 듯 일방적이다. 그러니 어찌지 못하고 선뜻 받아들일 수밖에 없다. 그것은 생생하고도 거친 현실이며 일방적으로 밀어낼 수 없는 모두의 현실인 동시에 제게 주어진 마땅한 현실이 되어 달리 어찌할 도리가 없다. 자아는 제 앞에 주어진 저만의 간절함으로 어디론가 밀려가거나 흔들리거나 또 다른 그 무엇에 대한 반작용에 내몰리게 된다.

    눈 익은 골목길이 갑자기 좁아 들 때 있어요. 집집 사이로 꺾여 든 담벼락들이 좁은 미로를 지나는 자동차를 쿵쿵 들이칠 것 같아요. 어제는 안 그랬는데 들어올 때도 안 그랬는데 나가는 골목이 나를 압박해 와요. 나는 살얼음 미끄러지듯 핸들을 꽉 틀어쥐죠. 흠칫 브레이크를 잡죠.

그럴 때면 오늘처럼 짙은 안개 속으로 떠난 엄마가 손을 흔들어요. 미세먼지를 머금은 물방울들이 아버지의 눈빛으로 하늘에 젖어 있어요. 집에 들면 출타한 아내가 저녁 땅거미로 스러질 것 같고요. 거실에는 차갑게 식은 보일러가 윙윙 머릿속을 울려요.

산등성이 출렁다리 위에서 어쩌지 못하고 멈칫대던 가슴, 현기증이 달려와 휘이이 천길 바람으로 쏟아지는 아득함, 풀린 다리를 추스르지 못해 주저앉을 때 있어요. 의지를 벗어난 일상들이 캄캄 담벽처럼 조여들 때 있어요.

—「그럴 때」 전문

꼭 민들레가 아니어도 그렇다
척박한 땅에 뿌리박은 풀들의 눈빛은
모두 홀소리다
집 앞 보도블록 틈에 보금자릴 튼 민들레는
뿌리가 가늘다
사람들의 발자국에서 떨어진 먼지

누군가가 버리고 간 한 주먹 양분에
더 가늘고 깊은 홀소리를 내린다

홀소리의 뿌리를 내리는 풀들은 헛된 꿈을 꾸지 않는다
닿소리의 바람을 흔들지 않고
닿소리의 빗물을 탐하지 않는다
몇 개의 작은 잎줄기를 먼지 위에 펼쳐 놓고
여럿의 꽃대궁은 피워내지 못할 닿소리
하나의 꽃대궁을 세울 뿐이다
거친 세상에 홀소리의 손가락 하나 치켜들 뿐이다
노란 물 젖은 홀소리의 손톱꽃을 피울 뿐이다

척박한 땅의 목숨들은 모두 그렇다
발 디딘 주먹 흙이 먼지로 흩어지기 전
홀소리를 날려야 한다
어제 아침 잠깐 내린 빗물을 타고 홀소리엔 꽃물이 들었다
아침 햇살 같던 그 손톱물은
해지는 서녘 하늘까지 홀소리로 물들었다가
새벽노을 속으로 잠깐 졌다

오늘 햇살은 아침을 먹고 점심을 먹고
진종일 마른 보도블록에 서성거렸다
햇살은 홀소리로 부서져 솜털 구름이 되고
땅거미들 달려와 스멀스멀 검은 옷자락 펼칠 때

민들레의 꽃대궁은 땅거미의 현을 퉁겼다
닿소리의 어둠 속에 피어나는 별들
홀소리들이 빛나고 있었다.

—「민들레」 전문

 시인을 에워싼 현실은 늘 생동적이다. 무언가 끊임없이 솟구치거나 흘러넘친다. 주변의 요소들 역시 그렇다. 늘 꿈틀거리며 매 순간 시인을 옥죄이거나 풀어놓거나 한순간 내동댕이치기까지 한다. 미처 대응할 수 없는, 그 어떤 상황에 놓여 있는 듯 시인은 일방적으로 가차 없이 내몰리거나 때론 준비 없이 순간순간 이리저리 마구 이끌리기 다반사이다. 그것은 시인의 의지가 전혀 아니다. 스스로 솟구치고 싶은 강한 의지도 아니다. 오히려 이 모든 상황이 순전히 타의에 의해 일방적으로 발의되고 있다는 것을 파악할 수 있다. '눈 익은 골목길이 갑자기 좁아 들 때 있어요./ 집집 사이로 꺾여 든 담벼락들이 좁은 미로를 지나는 자동차를 쿵쿵 들이칠 것 같아요. 어제는 안 그랬는데 들어올 때도 안 그랬는데 나가는 골목이 나를 압박해 와요. 나는 살얼음 미끄러지듯 핸들을 꽉 틀어쥐죠. 흠칫 브레이크를 잡죠.'(「그럴 때」)의 세계에서 시인의 의식에 내재한 무의식과 익숙한 기억이 혼재되어 있음을 파악할 수 있다.
 부모를 여읜 이후, 가라앉아 있던 존재의 부재를 경험한 상실의 시간이 문득 익숙한 공간에서 발현되면서 시인의 그간의 상황을 반전시키고 있다. 한 걸음 더 나아가 시인은 상실과 현실, 또는 현실과 과거가 충돌하며 빚은 시공간이 무의식의 상황을 펼치며 놀라운 반전을 보여준다. '그럴 때면 오늘처럼 짙은 안개 속으로 떠난 엄마가 손을 흔들어요. 미세먼지를 머금은 물방울들이 아버지의 눈빛으로 하늘에 젖어 있어요.' 라며 현실과 기억 사이를 넘나들면서 눈앞의 상황을 몽상적으로 풀어 전면에 펼쳐내는 것이다. 그것은 지난 시간과 현재의 시간을 넘나드는 기억이라는 추상성이 그 어떤 뜻밖의 외적 상황과 맞닥뜨릴 때 시적 자아도 현실 세계에서 얼마든지 과거로 이입될 수 있다는 것을 보여주고자 함이다.

시적 자아가 경험한 상황이, 지금 바로 눈앞에서 펼쳐진 현실이, 과거의 '짙은 안개'의 시간을 소환하며 시인이 가진 그만의 기억과 함께 돌출된 상황이 현실의 또 다른 상황과 겹쳐 있음을 알 수 있다. 그것은 시인이 의도하지 않았으나 문득 찾아온 무의식의 시간이다. 그와 유사한 상황을 얼마든지 만날 수 있을 것을 미리 안 것처럼 시인은 한 편의 시를 이야기하는 방식으로 술술 풀어내고 있다.

'꼭 민들레가 아니어도 그렇다/ 척박한 땅에 뿌리박은 풀들의 눈빛'을 통해 그것을 보아 냈으며 이내 또 다른 척박한 환경인 '집 앞 보도블록 틈에 보금자릴 튼 민들레'(「민들레」) 역시 그러한 입장이다. 삶의 조건이 억척스러울 수밖에 없다는 것이다.

그러므로 민들레는 '뿌리'가 가늘 수밖에 없다는 것이다. 여기에서 그 삶은 '사람들의 발자국에서 떨어진 먼지/ 누군가가 버리고 간 한 주먹 양분에/ 더 가늘고 깊은 홀소리'를 낼 뿐만 아니라 한 걸음 더 나아가 제가 가진 현실을 매우 긍정적으로 받아들이고 있다는 것을 주목하게 한다.

시인이 가진 시간을 통해 '홀소리'라는 강한 의지를 전면에 펼쳐내면서 제게 주어진 생명의 소중함과 동시에 제게 주어진 현실에 천착한 생명의 끈질긴 의지와 집착을 재확인하게 한다는 점이 그렇다.

그러나 시인은 여기서 걸음을 멈추지 않는다. '홀소리의 뿌리를 내리는 풀들은 헛된 꿈을 꾸지 않는다/ 닿소리의 바람을 흔들지 않고/ 닿소리의 빗물을 탐하지 않는다'라는 강한 생의 의지를 재차 강조한다. 그것은 '척박한 땅의 목숨들은 모두 그렇다/ 발 디딘 주먹 흙이 먼지로 흩어지기 전/ 홀소리를 날려야 한다'고 단언한 것을 통해, 그 배경을 펼쳐 보이면서 방점을 찍는 것을 통해 엿볼 수 있다. '오늘 햇살은 아침을 먹고 점심을 먹고/ 진종일 마른 보도블록에 서성거렸다/ 햇살은 홀소리로 부서져 솜털 구름이 되고/ 땅거미들 달려와 스멀스멀 검을 옷자락 펼칠 때/ 민들레의 꽃대궁은 땅거미의 현을 튕겼다/ 닿소리의 어둠 속에 피어나는 별들/ 홀소리들이 빛나고 있었다'를 통해 시인의 시선은 '민들레'의 끈질긴 생명의 의지에 주목하면서 세상의 모든 '풀들'에 대한 존재에 시선을 머물게 한다. 그것은 '척박'이라는 단어에 재차 주목하게 함으로써 작고 작은 생명체의 존재와 그 존재들이 살아가는 곳, 그 보잘것없는 곳에 놓인 소박한 우리의 삶의 현장을 동시적으로 드러내고 있는 것과 다르지 않다는 것을 확인할 수 있다.

    보름달의 둥근 지구 마당귀엔
    소리들이 모여 산다

    빨강 소리
    하양 소리

    서로 빛 섞은 분홍 소리
    주황 소리 산다

    속살 물소리로 우러난 연둣빛 줄기
    초록 숲으로 무성한 잎

    같은 소리로 자라오르다 문득
    여름빛 짙어 오면 소리들은
    각기 빛 다른 꽃잎을 펼친다

서로 옷자락 나눠 홀소리 우거지고
서로 팔다리 부딪혀 닿소리 엉키고

둥그런 이 땅의 마당귀에 울려 퍼지는
홀소리와 닿소리의 채워짐

저기, 무더기무더기 빛 다르게 펼쳐진
저 수많은 봉숭아 꽃잎

—「다문화」 전문

시인의 시선은 자신이 속한, 자신이 발을 딛고 살고 있는 지금, 이 순간에 충실할 뿐 아니라, 그 속을 꽉꽉 채운, 그 안에 펼쳐진 파노라마의 다양한 삶의 군상에 확장하고 있다는 것을 위의 시는 보여주고 있다. 오직 먹고 살기 위해서 이동할 수밖에 없는 가난한 나라의 사람들. 그들은 자기네들의 처지보다 훨씬 나은 나라로 이동하면서 일감을 구하고, 그 대가로 먹고 살 뿐만 아니라, 저축을 통해 좀 더 나은 미래를 꿈꾸는 것이 작금의 현실이다. 이제는 전혀 새롭지 않으나, 그들은 온 힘을 다해서 먹을 것을 구하고 한편으로는 삶의 질을 향상시키기 위해 온갖 위험한 일을 마다하지 않고 애를 쓰고 있다는 것을 우리는 안다.

「다문화」는 시인에게 시각적 이미지를 청각 이미지로 치환하면서 그 안에 담긴 삶의 생생한 현장을 펼쳐내고 있다. '보름달의 둥근 지구 마당귀엔/ 소리들이 모여 산다// 빨강 소리/ 하양 소리// 서로 빛 섞은 분홍 소리/ 주황 소리 산다'로 시각적 이미지를 청각적 이미지로 치환하고 있음을 알 수 있다. '속살 물소리로 우러난 연둣빛 줄기/ 초록 숲으로 무성한 잎'은 그다음 단계로 확장하면서 이들 각각의 시각적 이미지가 청각적 이미지와 함께 어우러지며 확장하는 것을 볼 수 있다. '같은 소리로 자라오르다 문득/ 여름빛 짙어 오면 소리들은/ 각기 빛 다른 꽃잎을 펼친다'의 시각적 이미지 또한 그러하다는 것이다. '서로 옷자락 나눠 홀소리 우거지고/ 서로 팔다리 부딪혀 닿소리 엉키고// 둥그런 이 땅의 마당귀에 울려 퍼지는/ 홀소리와 닿소리의 채워짐'을 보여주고 있다.

　작품 「다문화」가 펼쳐내는 시각적 이미지와 청각적 이미지의 호환을 통해 서로 얽히고설키는 삶의 현장은 이렇듯 생성의 기운으로 진득하다는 곳을 펼쳐내고 있다. 시인의 '저기, 무더기 무더기 빛 다르게 펼쳐진/ 저 수많은 봉숭아 꽃잎'으로 생명의 강인함과 아름다움까지 삶의 현장성과 그 범위를 확장하고 있음을 알 수 있다.

　이명재 시인의 시편은 너무나 많은 소리로 넘친다. 그것은 그가 속한 삶의 조건과 환경 그리고 시인이 가진 적극적인 삶의 의지가 작동한 탓이라고 할 수 있다. 또한 그 어떤 모난 현실과 끊임없이 교차하고 있는 현실의 다양한 빛과 그림자가 주는 조용하거나 강한 메시지를 외면하지 못하는 생래적 능동성이 작동한 탓일 거라고 짐작한다. 그저 그렇게 그저 그냥 대충 보아 넘길 수 없는 시인만의 삶의 결이 그러하기 때문이다. 사람은 누구든 제게 닥친 삶의 환경적 조건이 우선하여 절대적으로 그 주변에 기대어 살 수밖에 없다. 그러나 그렇다고 해서 그게 다는 아니다. 각자가 처한 상황과 경우에 맞게 또는 그와 상응하는 또 다른 삶의 조건과 환경을 교차시킬 수 있기 때문이다. 예를 들어 순서를 조정하는 등의 노력을 통해 조금씩 또는 확실하게 다른 환경을 적극적으로 만들거나 순응하며 받아들일 수 있을 것이다. 그러나 그것으로 각각 처한 환경이 자신에게 주어진 삶의 기준을 충족시키거나 만족하게 하지는 않는다. 이명재 시인이 만난 세계는 그가 가진 남다른 감수성과 세계관이 작동하면서 생생한 시각적 이미지와 청각적 이미지를 그만의 것으로 만들어 내었음을 보았다. 한편으로 소외된, 그 어떤 병리 현상을 따뜻하게 껴안으며 생성의 기운으로 이끌고 있음도 진득하게 보여주었다.

2. 배설을 통한 카타르시스

똥이 묻었다
나이 더할수록 세월은 닳고 닳아
화장지도 얇아졌다
세 겹 네 겹 배춧잎처럼 두툼하던 두루마리들이
두 겹 한 겹 상춧잎이 되었다
똥 냄새 웅웅거리던 어릴 적 배설의 어둠은
문득 뽀얀 샘물로 엉덩이를 씻었다
세상은 날마다 달마다 풍요로웠지만
계절이 낯빛 바꿀 때마다 궁색해지는 가슴
해가 저물 때마다
겨울 잎처럼 휘날리는 부끄럼의 손때
내 어머니와 아버지
주름주름 얼굴 손 낡아갈 때마다
불빛 낮추고 씀씀이 낮춰가던 세월처럼
기어이 내 화장지도 얇아졌다
똥 찌꺼기가 손바닥과 화장지 사이에서
팽팽하게 마주 서는 순간
다시 접어 당기던 손가락에 똥이 묻었다
때 절은 손에 똥 때가 얹어졌다

—「뒤를 본다·2」 전문

내 아침은 구리다

구린 아침의 한쪽에는
위염에 위산과다
아픔 하나가 묻어 있다
새벽이면 일어서는 빈속의 위태로움
힘든 세상의 벼랑 끝에 매달려
꺼윽-꺼윽 몸을 뒤채다 보면
창살 너머 눈부신 하루는 느릿느릿 걸어오고
메마른 입술 사이에서 머뭇거리는
숟가락의 몸놀림이 권태롭다
이런 날 아침이면 화장실에 간다
입으로 싸는 설익은 똥
아주 쉽게 아침의 끼니를 뱉고 나면
두렵게 뒤따르는 시디신 아픔,
허옇게 뜬 얼굴로 화장실 문을 나서는데
헐어버린 위벽을 씻어줄 화장지가 손에 없다

─「뒤를 본다·5」 전문

비데가 솟구친들 무슨 소용이냐
방귀를 긴장하자
내 손길이 문질러대는 엉덩이는 쓰레기통
파리 구더기 넘실대는 똥통이다
뒤를 참다 되똑되똑 화장실을 찾는 길

방귀가 똥보다 앞질러 밑을 빠져나온다
속임수다
살짝 내보내려 뀌는 방귀 속으로
울컥 똥이 지린다
장이 안 좋은 나의 괄약근은
아직도 방귀에 숨은 묽은 똥을 막지 못하고
화장지 가득 물결치는 엉덩이의 똥
팬티를 갈아입으며
때 없이 가득 찬 21세기의 쓰레기통을 생각한다
똥과 오줌이 한데 구겨진 지구라는 화장지
세상 몸 안의 대장균들 물씬
거기 접혀 있다

—「뒤를 본다 · 6」 전문

매우 직설적인 화법을 통해 시편 전편에 펼쳐내는 '똥' 이야기는 이명재 시인만의, 이명재 시인에게 내재한 가장 자신 있는 설득력을 과하지 않게 펼쳐내는 힘이 있다. 일반적으로 알고 있는 뻔한 '똥'의 실체를 카타르시스화 하는 동시에 '똥'이라는 대상을 시편 전편을 통해 재치 있는 만담가처럼 여기게 하는 것이다. 시인만의 표현을 통해 직접적이면서도 그만의 독특한 화법으로서의 개성적 기능을 갖는다고 하겠다. 삶의 현장에서 가장 확실한 근거로 뒷받침되는 그 어떤 강력한 에너지를 장착한 것처럼 지금 바로 쓸모 있는 기능을 동시에 느끼게 한다. 접근하기 어렵지 않으면서 뒤틀고 비틀지 않으면서 구차하지 않은 능동의 시적 언어의 배열을 통해 그 이면의 당연하고도 뻔한 의미를 달리 여기게 해주는 동시에 생동의 리듬까지 만나게 하는 것이다.

'똥이 묻었다/ 나이 더할수록 세월은 닳고 닳아/ 화장지도 얇아졌다/ 세 겹 네 겹 배춧잎처럼 두툼하던 두루마리들이/ 두 겹 한 겹 상춧잎이 되었다/ 똥 냄새 웅웅거리던 어릴 적 배설의 어둠은/ 문득 뽀얀 샘물로 엉덩이를 씻었다'(「뒤를 본다·2」)의 부분에서 시인은 해학적 분위기를 연출하고 있음을 알 수 있다. 직접적이면서도 전혀 부담되지 않는 강점을 보여주고 있다. 특히 '나이 더할수록 세월은 닳고 닳'을 뿐 아니라, '화장지도 얇아졌다'의 표현이 갖는 연상 화법의 무게감이 더해지면서 '내 어머니와 아버지/ 주름주름 얼굴 손 낡아갈 때마다/ 불빛 낮추고 씀씀이 낮춰가던 세월처럼'을 전면에 내세우게 되며 과거와 현재가 밀착되는 효과까지 갖는다.

시인이 굳이 보여주고자 하는 '내 어머니와 아버지'의 그때 그 삶의 시간은 여전히 시인이 살아내고 있는 지금의 시간에 머물러 있다는 것을 알 수 있다. '똥 찌꺼기가 손바닥과 화장지 사이에서/ 팽팽하게 마주 서는 순간'과 함께 '다시 접어 당기던 손가락에/ 동이 묻었다/ 때 절은 손에 똥 때가 얹어졌다'로 확장되고 있는 것도 그러하다.

도입부에서 '내 아침은 구리다'로 시작하는 「뒤를 본다·5」에서 아침이 구린 이유를 보여준다. '구린 아침의 한쪽에는/ 위염에 위산과다' 탓임을 펼쳐내는 것이 그렇다. 그것은 시인이 '새벽이면 일어서는 빈속의 위태로움'과 함께 '힘든 세상의 벼랑 끝에 매달려' 있기 때문이며, 그것을 애써 이겨내려 '꺼윽-꺼윽 몸을 뒤채다 보면' 어느새 세상은 바뀌어 있다는 것을 알게 되는 때문이다. '창살 너머 눈부신 하루는 느릿느릿 걸어오고/ 메마른 입술 사이에서 머뭇거리는/ 숟가락의 몸놀림이 권태롭'기까지 하나 시인의 시간에서 이루어지고 있는, 늘 그렇듯 의례적이라 할 수 있는 하루의 일과가 다시 시작된다는 것을 보여준다. '이런 날 아침이면 화장실에 간다/ 입으로 싸는 설익은 똥/ 아주 쉽게 아침의 끼니를 뱉고 나면/ 두렵게 뒤따르는 시디신 아픔'이 오면서 상황은 바뀐다. '허옇게 뜬 얼굴로 화장실 문을 나서는데/ 헐어버린 위벽을 씻어줄 화장지가/ 손에 없'음을 확인한다.

나의 뒤는 구리다
구린 내 뒤엔
언제나 똥덩이 몇 개 매달려 있고

나의 뒤쪽에서
누군가 의심스런 눈초리를 벌름거릴 쯤이면
나는 화장실에 간다
더러움이 만선한 배를 두드리며
알맞게 부풀어 오른 뒤를 두드리며
화장실 문을 들어서노라면
불행히도 뒤 구린 내 손엔
풍성한 화장지가 쥐어져 있다
참다참다 터뜨리는 울음처럼
지그시 혀를 깨무는 아픔처럼
밀리어 쏟아지는 내 실체
아무도 보이지 않는 곳에 숨어 나는
구린 뒤를 닦고 닦는다

—「뒤를 본다 · 8」 전문

화장지가 있어도 뒤가 구리다
화장실에 앉아 주저앉아서도
잘 익은 호박 같은 뒤를 받치고 앉아서도
희희낙락 휘파람을 불거나
정경유착 신문을 보거나
스스로 뒤 구린 것을 확인하지 않는다
구린내를 온통 꽃내로 착각하는 나와

돌아보기조차 두려운 내 뒤를 핥는 너는
언제부터 주종의 관계를 설정했더냐
변기통에 썩은 살덩이를 반쯤 묻어두고도
잊혀진 삶의 꽃잎,
휴지통 가득 낙화한 삶의 의미를 나는
확인하지 않는다
가장 큰 더러움을 가장
깨끗이 하기 위해
네가 어떻게 놓여지는가를
돌아보지 않는다

―「뒤를 본다 · 9」 전문

앞의 시 「뒤를 본다 · 8」에서 '나의 뒤는 구리다/ 구린 내 뒤엔/ 언제나 똥덩이 몇 개 매달려 있고'로 펼쳐내는 시인의 직설 화법과 마주친다. 시인 특유의 화법으로 펼쳐내는 그 당당함은 '나'를 활짝 열어젖히며 드러내는 데서 힘을 얻는다. 변명이나 그 어떤 부연 설명도 필요 없다. 대놓고 들이대면서 그 어떤 의심스러운 눈초리가 있다면 주저 없이 그것을 간단히 밀어낸다. '누군가 의심스런 눈초리를 벌름거릴 쯤이면/ 나는 화장실에 간다'라고 말하면 그만이기 때문이다. '더러움이 만선한 배를 두드리며/ 알맞게 부풀어 오른 뒤를 두드리며/ 화장실 문을 들어서노라면/ 불행히도 구린 내 손엔/ 풍성한 화장지가 쥐어져 있'다는 것이다.

그러나 똥덩이를 닦아낼 마땅한 화장지의 존재가 있음은 매우 다행한 일인데도 시인은 오히려 그것을 반어적 표현을 동원하며 밀어내고 있다. '불행히도 뒤 구린 내 손'을 부각하면서 '풍성한 화장지'의 존재를 부정적으로 이미지화하고 있음을 본다. 구린 '똥덩이'는 마땅히 닦아내어야만 하는데 아니라는 그것이다. 그것을 충분히 해결할 수 있는 화장지라는 해결책이 있음에도 시인에게 닥친 어려움을 해결하는 것에 도움을 주는 것임에도 그렇지 않다는 것이다. 그것은 앞의 '더러움이 만선한 배'라는 이미지와 '불행히도 뒤 구린 내 손'의 이미지가 서로 결합하면서 빚어낸 부정적 결과의 초래를 이끌기 때문이다. '뒤 구린 내 손'을 확인하고, 굳이 보이고 싶지 않은 '구린 뒤'를 갖고 있는 '나'를 만나야만 하는 때문이다. 그러니 기어이 '아무도 보이지 않는 곳에 숨어 나는/ 구린 뒤를 닦고 닦'을 수밖에 없다.

작품「뒤를 본다·9」도입부 역시 '화장지가 있어도 뒤가 구리다'로 시작한다. '화장실에 앉아 주저앉아서도/ 잘 익은 호박 같은 뒤를 받치고 앉아서도/ 희희낙락 휘파람을 불거나/ 스스로 뒤 구릴 것을 확인하지 않'기 때문이다. 시인의 능청은 여기서 끝나지 않는다. '구린내를 온통 꽃내로 착각하는 나'라는 표현을 통해서 카타르시스를 구현하고자 함을 엿볼 수 있기 때문이다. '가장 큰 더러움을 가장/ 깨끗이 하기 위해/ 네가 어떻게 놓여지는가를/ 돌아보지 않는다' 라고.

시인이 바라보는, 아니, 보고 싶은 세상은 과연 어떤 세상일까? 왜 하필이면 '똥'일까. '똥'을 통해서 보여주고 싶은 세상은 과연 어떤 세상인가? 아니, 시인이 보아 낸 세상 즉 현실에서 겪어야만 했던 크고 작은 일들과 시인 자신을 둘러싼 사람들의 관계를 깊이 또는 넓게 들여다보게 하는 매개체로서의 '똥'의 존재는 무엇이며, 과연 어떤 가치를 가지고 있는 것인가? 사람이 겪어낸 세상, 사람이니까 겪어야만 하는 세상, 사람이니까 당연히 일어날 수밖에 없는 이런저런 경험된 수많은 일들을 통해 하나로 뭉쳐내어 설명하기 어려운 일임을 사람들은 모르지 않는다.

어디서부터 풀어야만 할지, 그 실마리조차 가늠하지 못한다. 안다 한들 누에고치가 만들어 낸 비단실과도 같아서 자칫 잘못 건드렸다가는 한 번에 엉키고 납작하니 쭈그러져서 쓸모가 없어져 버릴지도 모를 일이다. 그 형체마저 원래로 되돌리기 어려운 일인 것이다. 사람이니까 사람이 해낼 수 있는 일은 그간의 역사를 통해 어느 정도 두루두루 어느 정도는 가늠할 수 있다.

그러나 딱 거기까지이다. 달에 우주선을 쏘아 올리고 지구의 어느 곳에서 어마한 석유를 퍼 올린다든지 시공간을 단축할 수 있는 우주과학의 발명 정도일 뿐이다. 지속 가능한 먹을거리와 난치병 치료의 획기적인 의학 발달을 통해 인간 생명 유지에 엄청난 기여와 결과를 만들어 낸 것도 그렇다. 딱 거기까지인 것이다. 그래서 그다음은? 인간 문명이 발달하면 발달할수록 미처 몰랐던 문제점과 그 해결점까지 동시적으로 찾아내어 새로운 발견과 새로운 발명 그리고 긍정적인 결과를 도출할 수 있을 것이다. 그러나 딱 거기까지일지 모른다.

  이명재 시인의 시편들은 너무나 많은 소리로 넘쳐난다. 그것은 그가 속한 삶의 조건과 환경 그리고 시인이 가진 적극적인 삶의 의지가 작동한 탓이라고 할 수 있다. 또한 그 어떤 모난 현실과 끊임없이 교차하고 있는 현실의 다양한 빛과 그림자가 주는 조용하거나 강한 메시지를 외면하지 못하는 생래적 능동성이 작동한 탓일 거라고 짐작한다. 그저 그렇게 그저 그냥 대충 보아 넘길 수 없는 시인만의 삶의 결이 그러하기 때문이다.
  사람은 누구든 제게 닥친 삶의 환경적 조건이 우선하여 절대적으로 그 주변에 기대어 살 수밖에 없다. 그러나 그렇다고 해서 그게 다는 아니다. 각자가 처한 상황과 경우에 맞게 또는 그와 상응하는 또 다른 삶의 조건과 환경을 교차시킬 수 있기 때문이다. 예를 들어 순서를 조정하는 등의 노력을 통해 조금씩 또는 확실하게 다른 환경을 적극적으로 만들거나 순응하며 받아들일 수 있을 것이다. 그러나 그것으로 각각 처한 환경이 자신에게 주어진 삶의 기준을 충족시키거나 만족하게 하지는 않는다.

　이명재 시인이 만난 세계는 그가 가진 남다른 감수성과 세계관이 작동하면서 생생한 시각적 이미지와 청각적 이미지를 그만의 것으로 만들어 내었음을 보았다. 한편으로 소외된, 그 어떤 병리 현상을 따뜻하게 껴안으며 생성의 기운으로 이끌고 있음도 진득하게 보여주었다.